AF227736

Tout exemplaire qui ne sera pas revêtu de notre griffe sera réputé contrefait, et poursuivi conformément aux lois.

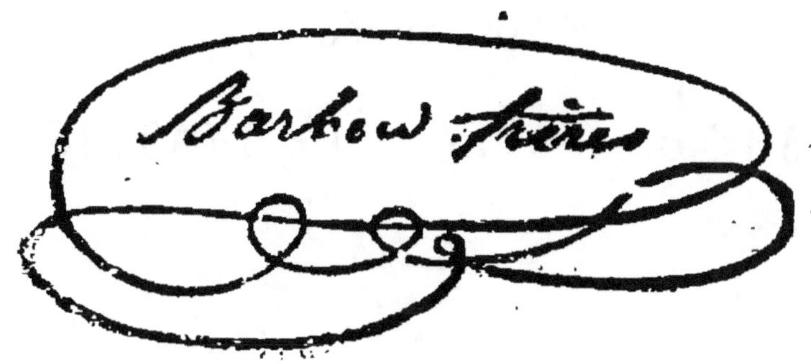

BIBLIOTHEQUE

CHRÉTIENNE ET MORALE

Approuvée

PAR Mgr L'ÉVÊQUE DE LIMOGES.

LE

JEUNE HÉROS

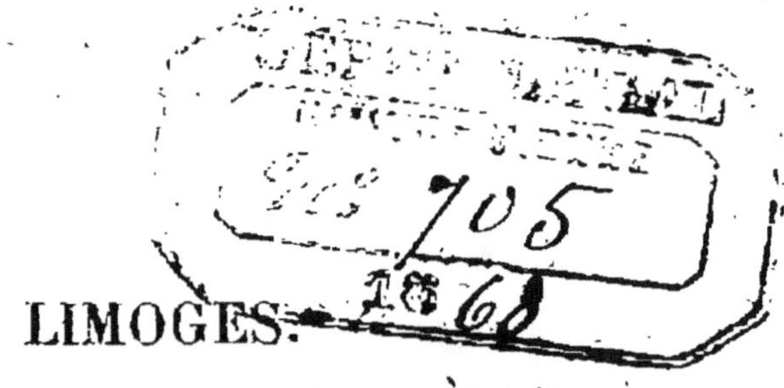

LIMOGES.

IMPRIMERIE DE BARBOU FRÈRES.

LE JEUNE HÉROS.

—

Henri de la Tour d'Auvergne, vicomte de Turenne, naquit à Sédan, le 11 septembre 1611, de Henri de la Tour d'Auvergne, duc de Bouillon et prince souverain de Sédan, et d'Elisabeth de Nassau, fille de Guillaume de Nassau, premier du nom prince d'Orange. Comme ses parents suivaient la doctrine des novateurs du seizième siècle, il eut le malheur d'être élevé dans leurs maximes. Dès qu'il fut en âge d'avoir des maîtres, entouré d'hommes à talents, il fit voir une maturité si fort au-dessus de son âge, un si grand empire sur lui-même, un esprit si heureusement disposé à embrasser tout ce qu'on lui proposait de raisonnable, qu'on jugea dès-lors qu'il était né pour donner au monde de grands exemples de vertu. La nature et l'éducation concoururent également à le former. Ayant, dès l'âge de dix ans, entendu répéter plusieurs fois que sa constitution était trop faible pour qu'il pût jamais soutenir les travaux de la guerre, il se détermina, pour faire tomber cette opinion, à passer une nuit d'hiver sur le rempart de Sédan ; comme il n'avait admis personne dans sa confidence, on le chercha longtemps sans succès ; enfin on le trouva sur l'affût d'un canon, où il s'était endormi. Son goût pour les armes augmenta par l'étude de la vie des grands capitaines : il était surtout frappé de l'héroïsme d'Alexandre, il lisait avec transport Quinte Curce. Le temps de l'éducation domestique terminé, il vint en Hollande apprendre le métier de la guerre sous le prince Maurice de Nassau, frère de sa mère, qui passait, à juste titre, pour un des plus grands capitaines de son siècle. Son neveu avait naturellement je ne sais quel embarras dans la langue, qui faisait que, lorsqu'il voulait parler, il demeurait quelquefois un instant sur la première syllabe de certains mots, avant de les achever, mais tout ce qu'il disait était

si sensé et si juste, que cette légère difficulté à s'énoncer n'empêcha point le
célèbre guerrier de concevoir de lui une
idée fort avantageuse : il voulut d'abord
qu'il servît comme un simple soldat.
Le jeune prince ne trouva rien d'humi-
liant ni de trop pénible à ce service : il
obéissait comme le dernier de la compagnie, ne se plaignait ni des incom-
modités du climat ni des injures des
saisons. Charmé de ces heureuses dis-
positions, le prince Maurice se félicitait
de pouvoir les cultiver. Lorsqu'il vint à
mourir, Turenne, fait capitaine d'infanterie, servit aux siéges de Grolle et
de Bolduc, et s'y montra aussi bon officier que bon soldat ; il exerçait sa troupe avec patience: il corrigeait à propos
les soldats, leur ouvrait sa bourse dans
leurs besoins, et se trouvait toujours le
premier à la tranchée et aux attaques :
aussi n'y avait-il personne qui n'eût eu

honte de ne pas le suivre aux endroits les plus périlleux, et de n'y pas montrer de la bravoure.

Venu à la cour de France, il y fut reçu avec les honneurs et les caresses que devaient lui attirer sa naissance et son mérite personnel. On lui donna un régiment d'infanterie, à la tête duquel il servit au siége de La Mothe. Par son sang-froid et son intrépidité, il fut cause en partie de la prise de la ville. Nommé maréchal-de-camp à vingt-trois ans, il soutint la gloire de ses premiers succès par mille autres que nous parcourrons rapidement, et pour n'offrir au lecteur que l'esquisse de si grands exploits militaires, afin de mieux lui faire admirer ensuite le vrai héroïsme du général, celui de la foi et de toutes les vertus.

Sa conduite à la retraite de Mayence est digne des plus grands éloges : dans l'extrémité où l'armée française se trouva, il distribua aux soldats les provisions qui avaient été apportées pour lui, et vendit ses équipages pour faire subsister une partie de l'armée. Pendant une marche aussi longue que dure et périlleuse, et où les soldats mouraient de faim, il partagea avec eux le peu de vivres qu'il pouvait se procurer ; il ordonna de jeter de dessus les chariots les choses les moins nécessaires, et y fit monter quantité de malheureux qui n'avaient pas la force de marcher. En ayant rencontré un que la faim et la fatigue avaient fait tomber au pied d'un arbre, où, résolu d'abandonner sa vie à la merci des ennemis, il attendait la mort, Turenne lui donna son cheval, et marcha à pied jusqu'à ce qu'il eût joint un de ses chariots, sur lequel il le fit placer. Il consolait les uns, encourageait les autres, les aidait de tous ses moyens ; les soldats commencèrent dès lors à le regarder comme leur père. Partout où l'on fut obligé de faire tête aux Impériaux, il leur imposa une invincible résistance, et agit avec tant de vigueur, que ce qu'il fit dans cette retraite, et dont les détails n'entrent point dans mon plan, fut regardé comme un des plus grands services que l'on pût rendre à l'État.

Le jeune héros se surpassa au siége de Savenne, où il reçut une blessure si dangereuse, que les médecins furent d'avis qu'on ne pouvait lui sauver la vie qu'en lui coupant le bras. Il guérit avec le temps, et l'on connut, par les alarmes que causa sa blessure, et par la joie que répandit universellement sa guérison, combien il était généralement aimé et estimé. Après avoir chassé Galas de la Franche-Comté, couvert Jonvelle, pris Landrecies, Maubeuge et Beaumont, il s'empara de Sorle, le château le plus fort de tout le Hainaut. Les soldats ayant trouvé dans la place une femme d'une très grande beauté, la lui amenèrent : il sut se retenir sur le bord de l'abîme ; dans la crainte de laisser percer l'empire qu'il avait sur lui-même, il parut ne pas pénétrer le dessein de ses soldats, et, comme si, en lui amenant cette captive, ils n'avaient pensé qu'à la dérober à la brutalité de leurs camarades, il les loua beaucoup d'une conduite aussi sage. Ayant fait chercher aussitôt son époux, il lui témoigna, en la remettant entre ses mains, que c'était à la retenue et à la discrétion de ses soldats qu'il devait la conservation de l'honneur de sa femme.

Après avoir défait et poursuivi les ennemis, envoyé en Alsace en 1638, il y seconde le duc de Weimar au siége de Brisach, fait lever le siége d'Ensisheim, bat les ennemis, se rend maître du ravelin de Raynach, et fait rendre Brisach. Quand Turenne arriva à la cour, le cardinal de Richelieu le combla de caresses, et fut jusqu'à lui démander son amitié, et lui offrir même une de ses plus jeunes parentes en mariage ; mais Turenne, appréhendant que la différence de religion ne mît quelque obstacle à l'étroite union qui doit régner entre des époux, s'expliqua franchement avec le cardinal, et lui fit entendre avec tant de bonne foi ses motifs de refus, que l'impérieux ministre goûta ses raisons : il trouva même un caractère d'honnête homme dans ce procédé ; et, bien loin de s'offenser de sa réponse ; il l'en estima davantage, et continua à lui en témoigner sa confiance en l'employant aux affaires les plus difficiles.

En 1639, envoyé à l'armée d'Italie, il y seconde le comte d'Harcourt, met en fuite le prince Thomas, et facilite le passage du comte d'Harcourt à Carignan. Chargé de commander cette même armée, il prend Brusca et Dronero, et ravitaille la citadelle de Turin, enlève un corps de troupes, conseille le secours de Cazal, fait résoudre le siége de Turin, qui capitule, et se rend après plusieurs actions heureuses, où Turenne montra autant de désintéressement et de générosité pour ses ennemis personnels que d'intrépidité contre les ennemis de l'État. Il aide à la conquête du Roussillon, est fait maréchal de France à trente-deux ans, rend l'Allemagne le théâtre de sa rare habileté et de ses triomphes, et se montre toujours grand , même dans ses revers , par sa belle retraite à Mariental , où l'on voit briller à la fois son humanité pour ses soldats, la profondeur de son jugement, et un esprit fécond en ressources. Nous ne suivrons pas le héros au milieu de ses conquêtes : si, après en avoir assuré la possession, le désir de les étendre plus loin, pour la prospérité de la France, l'entraîne à la cour, il y refuse le duché de Château-Thierry ; dont on veut récompenser ses services. De retour à la tête de ses troupes, qui, sous sa conduite, se couvrent de nouveaux lauriers, il passe le Mein , et s'ouvre les trois cercles de Franconie, de Souabe et de Bavière ; les places y étaient remplies de toutes sortes de provisions , et les Français auraient pu y faire un immense butin ; Turenne aurait tiré pour lui seul, s'il l'avait voulu, plus de cent mille écus de contribution par mois , sans rien exiger qui ne fût selon les usages de la guerre; mais, par un désintéressement sans exemple, il se contenta de tirer des villes où les ennemis avaient fait leurs magasins de quoi faire subsister son armée.

Je m'arrête plus volontiers à louer la touchante générosité du grand homme qu'à décrire la suite de ses triomphes. Fléchier, dans sa sublime oraison funèbre, nous les retrace en peintre habile et en orateur doué de la plus mâle éloquence. Tout, parmi les ennemis de la France, tout tremble, tout fléchit sous l'épée de Turenne. Par un mélange inconcevable de modération, de prudence, de sang-froid, d'intrépidité, de constance, il arrête et punit le traître Rosen; il fait mordre la poussière à des rebelles obstinés, pardonne aux autres, et reçoit de la cour les éloges les plus flatteurs, pour avoir su si à propos dissimuler, punir, pardonner, ménager les esprits, sans rien perdre de son autorité. La paix conclue à Munster le 24 octobre 1648, fut due en partie, et au jugement de toute l'Europe, aux grandes actions que Turenne avait faites cette année-là en Allemagne; et la France, pour immortaliser une campagne si glorieuse, fit frapper une médaille, comme elle avait déjà fait pour plusieurs des victoires précédentes remportées par ce héros.

Pendant que nos guerres étrangères se terminaient si glorieusement, il s'en fomentait une beaucoup plus dangereuse au milieu de l'Etat, ou la fureur des dissensions civiles s'étant élevée, l'esprit de révolte gagna bientôt ce qu'il y avait de sujets les plus fidèles, les parlements, les princes du sang, et même le vicomte de Turenne : le duc de Bouillon l'engagea dans le parti du parlement. Las de combattre contre son roi, le vicomte passa en Hollande, d'où il revint en France dans le dessein de servir la cour. Mazarin lui ayant refusé le commandement de l'armée d'Allemagne, il se tourna du côté des princes, et fut sur le point de les tirer de leur prison de Vincennes. On lui opposa le maréchal Duplessys Praslin, qui le battit près de Rhétel, en 1650. Le maréchal de Turenne, à qui, longtemps après, un homme simple et indiscret demandait comment il avait perdu cette bataille, répondit : « Par ma faute ; mais quand un homme n'a pas fait de fautes à la guerre, il ne l'a pas faite longtemps. » Quoique vaincu à Rhétel, il paraissait si important aux yeux des Espagnols, qu'ils lui donnent pouvoir de nommer à tous les emplois qui vaquaient à la mort des officiers tués dans le combat, lui envoyèrent cent mille écus, à compte de ce qu'ils lui avaient promis. Mais cet homme, vertueux jusque dans ses égarements, averti qu'on travaillait efficacement à la liberté des princes, renvoya les cent mille écus ; ne croyant pas devoir prendre l'argent d'une puissance avec laquelle il prévoyait une prompte fin à ses engagements.

Rentré au service du roi, dont il n'eût jamais dû s'éloigner, il le servit avec zèle et avec le plus grand succès contre les rebelles, eut la gloire de sauver son prince et l'Etat, et mérita que la reine mère lui rendît publiquement ce témoignage, qu'il venait de remettre une seconde fois la couronne sur la tête de son fils.

Mais ces malheureuses guerres furent pour lui l'occasion d'une multitude de traits de modestie et de fermeté. Il avait empêché les troupes de Condé de passer la Loire sur le pont de Gergeau : le maréchal d'Hocquincourt, son collègue, ayant laissé enlever ses quartiers à Gien, quoiqu'il l'eût averti du danger qu'il courait en les conservant aussi éloignés les uns des autres, voulut rappeler, dans la relation de cette journée, le conseil qu'il lui avait donné; mais Turenne s'y opposa, en disant qu'un homme aussi affligé que le maréchal devait avoir au moins la volonté de se plaindre. La victoire des Dunes et la prise de Dunkerque eurent un si grand éclat, que Mazarin, premier ministre de France, ordonna que le vainqueur écrirait une lettre pour lui en attribuer toute la gloire : le guerrier répondit au cardinal, arbitre suprême des grâces, qu'il lui était impossible d'autoriser une fausseté par sa signature. A la paix des Pyrénées, les deux rois de France et d'Espagne se virent dans l'île des Faisans, et se présentèrent mutuellement les personnes les plus considérables de leur cour. Turenne, toujours modeste, ne se montrait pas, et était confondu dans la foule; Philippe demanda à le voir, il le regarda avec attention, et se tournant vers Anne d'Autriche, sa sœur : « Voilà, lui dit-il, un homme qui m'a fait passer de biens mauvaises nuits. »

En 1772, l'électeur de Brandebourg, quoique vaincu, n'en prit pas moins d'intérêt à la vie de son vainqueur : instruit qu'un scélérat était passé dans le camp du vicomte, à dessein de l'empoisonner, il lui en donna avis; on reconnut ce misérable, que le héros français se contenta de chasser de son armée. Cependant les conquêtes de

Louis XIV avaient été, dans l'empire, l'occasion d'une ligue redoutable contre ce prince. Pour prévenir la réunion de tant de forces dispersées, Turenne passa le Rhin en Alsace, à la tête de dix mille hommes, fit trente lieues en quatre jours, attaqua à Seintzeim, petite ville du Palatinat, les Allemands, commandés par le duc de Lorraine et par Caprara, les battit et les poussa jusqu'au-delà du Mein. Après l'action, on s'assemblait autour de lui pour le féliciter d'une victoire, le fruit de ses savantes manœuvres.

« Avec des gens comme vous, Messieurs, leur répondit-il, on doit attaquer hardiment, parce qu'on est sûr de vaincre. »

Il fut fait gouverneur du Limousin et ministre d'Etat. Afin d'avoir son entrée à la cour, il épousa mademoiselle de La Force, d'une des plus grandes maison de la Guienne, digne par ses talents, son esprit et les nobles qualités de son cœur, de devenir l'épouse de ce grand homme. Ne le suivons plus dans la rapidité de ses victoires; tous ces triomphes dégoûtants de sang humain, et obtenus sur des monceaux de cadavres, coûtent trop de larmes aux cœurs sensibles; ils sont, dans l'histoire de l'humanité, des époques trop humiliantes, et d'ailleurs c'est le chrétien, et non le guerrier, que je désire représenter à la piété du lecteur; qu'il nous suffise de dire, pour continuer le récit des traits les plus glorieux de sa vie, que le vœu de Turenne était de faire remonter sur le trône d'Angleterre le roi Charles II, alors en France sous le nom du duc d'Yorck. Après de grandes dépenses faites en faveur de ce malheureux prince, le vicomte lui donna tout ce qu'il lui restait d'argent, lui offrit sa vaisselle et son crédit, pour emprunter, et voulut que ses neveux, le duc de Bouillon et le comte d'Auvergne, accompagnassent ce prince en Angleterre; mais l'entreprise n'eut pas lieu.

Turenne fut nommé maréchal-général des armées du roi de France; mais si les intervalles de la guerre sont ordinairement de grands vides dans l'histoire des généraux qui, pendant la paix sont descendus au niveau des autres citoyens, il n'en est pas de même des grands hommes : ceux-ci impriment jusque sur leurs moindres actions je ne sais quel caractère singulier qui les consacre, et les rend dignes d'être proposées pour modèle à tous les siècles à venir. Nous touchons à la partie inté-

ressante de la vie du héros chrétien ; ses
vertus civiles et morales le disposaient
à la tendre piété.

Jamais homme ne fut d'un commerce
plus aisé ; il parlait des moindres
choses comme s'il eût ignoré les grandes, et cela avec les personnes de toute
condition, sans jamais se prévaloir de
la supériorité de son rang, ni de celle
de son esprit. Il s'accommodait avec tant
de complaisance au caractère et à
l'humeur de tout le monde, qu'on était
souvent étonné qu'avec de si rares qualités pour la guerre, il fût encore le plus
poli et le plus aimable homme de son
temps. Tout en lui était vrai et sincère :
sentiments, mœurs, manières aussi
éloignée de la fausse modestie que de
l'orgueil, il se montrait tel qu'il était ;
il parlait de ses actions avec simplicité

et avec ingénuité, sans rien exagérer et sans trop s'abaisser, s'éloignant également et de la vanité qui se met à couvert, et de la vanité qui, par raffinement, se cache sous l'apparence de la modestie. Il marchait le plus souvent sans équipage et sans domestiques, se mêlant dans la foule comme un homme du commun ; mais c'était en vain qu'il cherchait à s'y confondre, sa réputation le faisait reconnaître. Le peuple voyait en lui, quelle que fût sa simplicité, l'un des plus grands ornements de son siècle. Chacun s'empressait pour le contempler. Ceux qui le connaissaient le montraient des yeux et du geste à ceux qui ne le connaissaient pas. Les étrangers qui venaient en France s'en retournaient satisfaits quand ils l'avaient vu, et souvent nos ennemis mêmes enchérissaient sur nous, quand on essayait de faire le dénombrement de ses exploits ou l'éloge de ses vertus.

Si nous l'envisageons renfermé dans sa vie domestique, il n'y était pas moins admirable qu'à la guerre et dans la société. C'est là qu'il paraissait vraiment grand dans sa seule sagesse. Ceux qui approchaient le plus près de sa personne avaient pour lui des sentiments d'une plus profonde vénération, parce qu'ils discernaient mieux combien le motif de ses bonnes actions était pur et désintéressé. Il était l'époux le plus tendre et le meilleur des maîtres; toutes les lettres qu'il a écrite à la vicomtesse de Turenne sont écrites d'un ton de politesse qui va quelquefois jusqu'au respect; on ne peut y remarquer sans surprise ses attentions pour elle. Quelle que fût l'importance des grandes affaires dont il était chargé, il lui ouvrait son cœur avec franchise, et son style semblait animé de la vive satisfaction qu'il goûtait à s'entretenir avec elle.

Il exigeait absolument que chacun de ses domestiques remplît son devoir; mais quand ils avaient une affaire, il en faisait la sienne, et la sollicitait en personne, sans vouloir toutefois que son crédit fît tort à qui que ce fût. Aussi sa maison était-elle composée de personnes honnêtes, soit que ceux qu'il choisissait le fussent par eux-mêmes, ou qu'il communiquât quelque chose de ses vertus à tous ceux qui l'approchaient. Un jour un de ses gens étant allé demander de sa part, quoique à son insu, un emploi à M. de Colbert, contrôleur-général des finances, ce ministre, ravi de trouver une occasion de faire plaisir au vicomte, alla lui-mê-

me lui porter la commission. Turenne,
qui ne savait rien de la chose, fut assez
surpris du compliment. Néanmoins il
remercia ce ministre comme si c'eût été
par son ordre qu'on eût été le solliciter,
et fit appeler le domestique en faveur
duquel la requête avait été expédiée. Cet
homme, ayant su ce qui venait de se
passer, se jeta aux pieds de son maître,
qui, le faisant relever aussitôt, et lui
remettant la commission entre les
mains : « Si vous m'eussiez parlé de
cette affaire, lui dit-il avec bonté, je
vous y aurais servi comme vous l'eussiez pu souhaiter ; et tout ce qui me fâ-
che en cela, c'est que vous ne me di-
siez point ce qui vous oblige à me quitter. » Celui-ci, confus, et néanmoins
rassuré, avoue qu'il n'a recherché cet
emploi que parce qu'il a beaucoup d'enfants. Turenne, alors, avec ce qu'il lui
devait de ses gages, lui donna une

somme considérable pour l'aider à faire subsister sa famille.

Le héros estimait les gens de lettres, et les attirait près de sa personne. Il aimait l'histoire, la lisait avec fruit, n'ignorait rien de ce qu'un prince doit savoir, et ne perdait pas son temps à apprendre ce qu'il doit ignorer. La conversation des gens de bon sens et la lecture des livres solides occupaient une partie de son loisir.

Son désintéressement et sa générosité sont d'autant plus louables, que l'amour de l'argent a été proprement le vice dominant de son siècle. Après avoir commandé les armées pendant plus de vingt ans, le maréchal de Turenne laissa moins de biens en mourant, qu'il n'en avait eu de sa maison. Quatre jours avant qu'il fut tué, il avait donné quatorze mille livres aux Anglais qui servaient sous lui, après en avoir emprunté dix mille sur son crédit à Strasbourg. On ne trouva, après sa mort, que cinq cents écus dans sa cassette.

Un jour, ayant touché beaucoup d'argent d'une charge dont la cour lui avait permis de disposer, il assembla cinq ou six colonels, dont les régiments étaient délabrés, et leur laissant croire que cet argent venait du roi, il le leur distribua à proportion de leurs besoins. Toute sa vie est remplie de pareils traits. On sait le refus qu'il fit de recevoir une somme de cent mille écus, que lui offrit une ville considérable, pour qu'il ne fît point passer son armée sur son territoire. « Comme votre ville, dit Turenne aux députés, n'est point sur la route pour où j'ai dessein de faire marcher mes troupes, je ne puis prendre l'argent que vous m'offrez. » A peu près vers le même temps , un officier-général lui proposa, dans le comté de la Mark, un gain de quatre cent mille livres, dont la cour ne pourrait jamais rien savoir : « Je vous suis fort obligé, répondit-il, mais comme j'ai souvent trouvé de ces occasions sans en avoir profité, je ne crois pas devoir changer de conduite à mon âge. » Jamais on n'eut recours en vain à sa générosité ; quand il n'avait plus d'argent sur lui, il en empruntait au premier officier qu'il rencontrait, et il lui disait de l'aller demander à son intendant. Un jour, cet intendant vint lui dire qu'il soupçonnait certaines gens de venir demander ce qu'ils n'avaient point prêté, et qu'ainsi il serait bon qu'il donnât à chacun une reconnaissance de ce qu'il empruntait. « Non, non, lui dit-il, rendez tout ce qu'on vous demandera ;

car il n'est pas possible qu'un homme aille réclamer une somme d'argent sans qu'il me l'ait prêtée, ou qu'il ne soit dans un extrême besoin. S'il me l'a prêtée, il faut bien la lui rendre ; s'il est dans un si grand besoin, il est juste de l'assister. »

Il était ingénieux à trouver des moyens d'épargner à ceux qu'il soulageait la honte de recevoir du secours dans leur indigence ; il ne leur donnait qu'avec une espèce de pudeur, et il semblait vouloir prendre sur lui toute la confusion. Il était encore fort jeune lorsqu'ayant su qu'un gentilhomme était devenu pauvre pour avoir dépensé tout son bien à l'armée, il imagina de troquer des chevaux avec lui, et de lui en fournir d'excellents pour de très-médiocres. Un jour, entendant un officier qui se plaignait d'avoir eu deux chevaux tués à une affaire, et d'être ruiné par cette perte, il le mena à son écurie, lui donna deux de ses meilleurs chevaux, et lui recommanda fortement de n'en parler à personne, « de peur, disait-il, qu'il en vienne d'autres réclamer aussi des indemnités, car je n'ai pas le moyen d'en donner à tout le monde. » Il voulait ainsi cacher le mérite de cette action sous prétexte d'économie : car autant il aimait à répandre ses dons, autant il craignait qu'on ne divulguât le bien qu'il faisait.

A la générosité du caractère il unissait une bonté de cœur admirable. Un jeune gentilhomme de l'arrière-ban, arrivant un jour à l'armée, après l'avoir salué, lui demanda où il mettrait ses chevaux. A cette question, tous ceux qui étaient présents se mirent à rire de la manière du monde la plus mortifiante pour ce gentilhomme ; mais le vicomte de Turenne prenant son sérieux : « C'est donc, leur dit-il, une chose bien étonnante, qu'un homme qui n'est jamais venu à l'armée n'en sache pas les usages? N'y a-t-il pas bien de l'esprit à se rire de lui, parce qu'il ne sait pas des choses qu'il ne peut savoir, et qu'au bout de huit jours il saura aussi bien que vous? » Il ordonna en même temps à son écuyer d'avoir soin des chevaux de ce jeune homme, et de l'instruire des autres choses nécessaires à savoir. Les airs insultants le choquaient au dernier point, et la bonté était tellement le fond de son caractère, qu'il ne pouvait souffrir qu'on se moquât de personne. A la cour comme à l'armée, lorsqu'il arrivait quelque provincial dont on voulait se divertir, il embrassait d'abord son parti, et prenait un air qui imposait aussitôt silence à tout le monde, quelque désir que l'on eût de railler le nouveau venu.

Il ne connaissait rien de plus sacré que la parole d'un gentilhomme ; pénétré de ce sentiment, il se crut lié dans une circonstance où tant d'autres se seraient tenus quittes de tout engagement. Passant une nuit sous les remparts de Paris, il tomba entre les mains d'une troupe de voleurs qui arrêtèrent son carrosse ; sur la promesse qu'il leur fit de cent louis d'or, pour conserver une bague d'un prix beaucoup moindre, ils la lui laissèrent, et l'un d'eux osa, le lendemain, se présenter chez lui au milieu d'une compagnie très-nombreuse ; il lui demanda à l'oreille l'exécution de sa parole ; le vicomte lui fait donner l'argent, et ne raconta l'aventure qu'après avoir laissé au voleur le temps de s'éloigner, en ajoutant qu'il faut être inviolable dans ses promesses, et qu'un honnête homme ne devait jamais manquer à sa parole, quoique donnée même à des fripons. On connaissait si bien le caractère de Turenne, et sa bonne foi était si généralement estimée, que la plupart des princes d'Allemagne traitaient avec lui personnellement pour leurs intérêts, sans demander aucune garantie de ce qu'il leur promettait, et les républiques, même les plus soupçonneuses, croyaient en avoir une qui était infaillible, dès qu'il leur avait donné sa parole.

Quel général sut inspirer plus de confiance et plus d'amour à ses soldats ! le soin qu'il prenait de la fortune des officiers, et son humanité envers les troupes lui avaient gagné le cœur des gens de guerre. Loin d'imputer les événements fâcheux au défaut de conduite des officiers qu'il employait, il était le premier à les excuser. Si quelqu'un d'entre eux avait été battu, il prenait soin de le consoler lui-même, et de relever son courage; il lui donnait de nouvelles troupes, et en plus grand nombre, afin qu'il eût sa revanche, et continuait à l'employer jusqu'à ce que cet officier eût remporté quelque avantage. Il prenait soin de l'avancement de tous ceux qui étaient dans son armée, depuis le plus élevé jusqu'au moins remarquable; il faisait valoir leurs services à la cour, et leur obtenait des charges et des emplois, selon leur capacité et leur mérite : aussi les officiers et les soldats lui avaient-ils voué un attachement qu'ils firent éclater en tant d'occasions, que nous croyons devoir en rapporter quelques traits. Turenne était dans l'usage de visiter souvent son camp; sa vigilance redoublait lorsque ses soins devenaient plus nécessaires. Lors de la conquête de la Franche Comté, en 1674, il s'approcha un jour d'une tente où plusieurs jeunes soldats qui mangeaient ensemble se plaignaient de la pénible et inutile marche qu'ils venaient de faire : « Vous ne connaissez pas notre père, leur dit un vieux grenadier criblé de coups ; il ne nous aurait pas exposés à tant de fatigues, s'il n'avait pas de grandes vues que nous ne saurions pénétrer. » Ce discours fit cesser toutes plaintes, et on se mit à boire à la santé du général. Turenne avoua depuis qu'il n'avait jamais senti de plaisir plus vif. En 1673, pendant les plus grandes rigueurs de l'hiver, il avait entrepris de chasser de la Westphalie l'armée des ennemis. Un jour qu'épuisé de veilles et de fatigues il s'était couché derrière un buisson, des fantassins, qui voyaient en passant que la neige tombait sur lui, coupèrent des branches d'arbres, pour lui faire une hutte ; des cavaliers arrivèrent qui la couvrirent de leurs manteaux ; Turenne s'éveille dans cet instant, et demande à quoi l'on s'amuse au lieu de marcher. « Nous voulons, répondirent les soldats, conserver notre père ; c'est notre plus grande affaire ; si nous venions à le perdre, qui nous ramènerait dans notre pays ? »

Nous atteignons à la plus belle époque de sa vie : engagé, par sa naissance et son éducation, dans les erreurs de Calvin, qu'il trouva établies et dominantes dans son esprit avant que sa raison fût assez forte pour s'y opposer, jamais personne, si nous pouvons nous exprimer ainsi, n'a été de meilleure foi dans l'erreur. Pendant longtemps rien ne fut capable de l'ébranler dans ses préventions; elles avaient cependant été attaquées par tout ce qu'il y a sur la terre de plus fort et de plus sensible. La conversion du duc de Bouillon, son frère, le pressa, non seulement par la voix du sang et de la tendresse, mais encore par tout ce que l'exemple d'un prince également grand par l'esprit, par le cœur et par l'art de la persuasion, pouvait avoir d'ascendant sur l'esprit d'un frère pénétré d'estime et de respect pour cet illustre aîné. La fortune, la gloire, le sollicitèrent par tout ce qu'elles ont de pouvoir et d'attraits. Quelle perte, que tant de constance dans l'erreur n'eût pas été consacrée aux intérêts de la vérité! La Providence le permit, afin que la gloire de la conversion de Turenne ne fût pas douteuse, et qu'il parût aux yeux du bon et du mauvais parti, qu'étranger à tout motif humain, il n'avait été vaincu que par ces traits perçants de lumière qui, pénétrant son cœur, chassèrent de son esprit ses anciennes et profondes ténèbres.

Il aperçut qu'en vain remplirait-il les plus beaux endroits de l'histoire, si son nom n'était inscrit dans le livre de vie; qu'en vain gagnerait-il le monde entier, s'il perdait son âme; qu'il n'y avait qu'une foi, qu'un Christ et une vérité simple et invisible. Il n'était pas encore éclairé, mais il commençait à être docile. Combien de fois ne consulta-t-il pas des amis savants et fidèles! Habitudes, prétextes, engagements, honte de changer, déplorable vanité dans le plaisir d'être regardé comme le chef et le protecteur des enfants de Calvin, vaines raisons de la chair et du sang, vous ne pûtes le retenir. Dieu rompt tous ses liens : si les occupations de la

guerre n'avaient pu l'empêcher de chercher dans les livres catholiques l'é-
claircissement des doutes qui lui étaient
survenus au sujet de sa religion, la
paix lui fut encore plus favorable pour
s'en éclaircir; il sentit le faible du cal-
vinisme, et, pressé par sa conscience,
il fit connaître son état d'anxiété à quelques évêques qu'il comptait au nombre
de ses amis. Il commençait depuis longtemps, dit le président Hainaut, à en-
trevoir la vérité; mais il tenait encore
à l'erreur par les préjugés de l'éducation
et par l'attachement qu'il portait à ma-
dame de Turenne son épouse, attachée
à la secte de Calvin. La mort de la vicomtesse, arrivée en 1666, et les instructions de Bossuet, achevèrent de
décider M. de Turenne. Enfin, convaincu qu'il était hors de la véritable
Eglise, quoiqu'il fût regardé parmi
les calvinistes comme l'un des protec-

teurs de leur secte, il l'abandonna le 23 octobre 1668, et alla faire son abjuration entre les mains de l'archevêque de Paris. Le pape lui adressa un bref pour le féliciter sur sa conversion, et tous les catholiques en éprouvèrent la joie la plus vive. « L'Eglise de la terre, dit Mascaron, regarda cette conversion avec autant de joie que si elle eût fait celle d'un royaume tout entier. M. de Turenne, vainqueur des ennemis de l'Etat, ne causa jamais à la France une joie si universelle et si sensible, que M. de Turenne vaincu par la vérité et soumis au joug de la foi. Mais ce beau retour à la vérité fut accompagné d'une circonstance trop glorieuse à la mémoire de Turenne, pour la passer ici sous silence. Louis XIV avait une si grande idée de sa probité, que ce monarque ne pouvait jamais espérer son changement de l'ambition ou de la politique ; il était bien sûr qu'il ne changerait de religion que par conviction. Ce prince répéta souvent, mais jamais en présence de Turenne, que, dans la guerre de la Fronde, où il était si important d'opposer Turenne au grand Condé, la reine régente lui avait promis la dignité de grand connétable de France, et il ajouta qu'il était toujours prêt à remplir l'engagement de sa mère, si Turenne voulait lever la seule difficulté qui empêchait l'accomplissement de la promesse.

On présenta un jour à Louis XIV une épée d'un travail et d'un prix extraordinaire ; le roi la loua beaucoup, et Turenne, qui était présent, la prit des mains du monarque, la considéra avec attention, et exprima son admiration dans des termes qui ne lui étaient pas ordinaires. « Cela me fait grand plaisir, lui dit le roi, que vous soyez satisfait du travail de cette épée; j'ai donné moi-même l'ordre de la finir dans la plus grande perfection : je destine cette épée au grand connétable de France ; je la porterai seulement jusqu'à ce que cet office soit rempli : il vous convient à merveille, et il est à vous quand il vous plaira de le recevoir. Vous savez qu'il y a un obstacle que vous pouvez lever dès que vous voudrez ; c'est à mon grand regret que cette circonstance seule m'empêche de le mettre à l'instant même entre vos mains. » Turenne rendit aussitôt l'épée au roi, en lui répondant qu'il se sentait plus honoré qu'il ne pouvait le dire, par les expressions flatteuses de Sa Majesté, et qu'il les préférait à toute dignité. « Mais, ajouta-t-il, l'attachement que Votre Majesté montre pour sa religion me prouve que je dois conserver de l'attachement à la mienne. »

Quelques années après, *l'Exposition de la doctrine chrétienne* par Bossuet parut, encore en manuscrit. Le marquis de Dangeau la mit entre les mains de Turenne. Il la lut plusieurs fois, et fut très-étonné de trouver la foi catholique si différente de la peinture hideuse qu'en faisaient les ministres de la prétendue réforme. Prévenu par leurs discours, il crut d'abord l'exposé de Bossuet inexact, pensant que le prélat avait mis dans un faux jour les doctrines qu'il voulait montrer au public.

Mais quand cet ouvrage fut imprimé et parut avec l'approbation authentique de tant d'universités, de docteurs, d'évêques, de cardinaux, et du pape lui-même, Turenne demeura convaincu que c'était la doctrine du concile de Trente, et celle de l'Eglise catholique. Dès ce moment il se décida à embrasser cette religion, et Bossuet fut la première personne à qui il communiqua ce secret important. Il pria ce grand homme de faire savoir à Louis XIV sa détermination, et il ajouta : « Sa Majesté m'a plus d'une fois intimé son intention de me donner la place de grand connétable de France, quand j'aurais abjuré la religion protestante, dites-lui donc que d'après la plus forte conviction j'ai embrassé la religion romaine, mais que j'attends de la bonté extrême de Sa Majesté pour moi, qu'elle ne me parlera jamais de la dignité de grand connétable. »

Quoique le cœur du héros eût échappé aux dérèglements des passions, il prit encore plus de soin de le régler. Il crut que l'innocence de sa vie devait répondre à la pureté de sa croyance ; il connut la vérité, l'aima et s'y soumit : avec quel humble respect n'assistait-il pas aux sacrés mystères ! avec quelle docilité n'écoutait il pas les instructions salutaires des prédicateurs évangéliques! avec quelle soumission n'adorait-il pas les œuvres de Dieu, que l'esprit humain ne peut comprendre ! A peine a-t-il embrassé la sainte doctrine, qu'il en devient le défenseur ; il regarde en tremblant l'abîme d'où il est sorti, et il tend la main à ceux qu'il y a laissés. On dirait qu'il est chargé de ramener dans le sein de l'Eglise tous ceux que le schisme en a séparés ; il les invite par ses conseils; il les attire par ses bienfaits; il les presse par ses raisons; il les convainc par ses preuves ; il leur fait voir les écueils où la raison humaine fait tant de naufrage, et leur montre derrière lui le port de la miséricorde divine qui l'a sauvé de l'abîme. Tantôt il allume le zèle des docteurs ; et les exhorte à opposer à l'arrogance du mensonge la force de la vérité ; tantôt il leur découvre ces voies douces et insinuantes qui gagnent le cœur pour gagner l'esprit ; tantôt il fournit, selon son pouvoir, les fonds nécessaires pour assister ceux qui abandonnent tout pour suivre Jésus-Christ, qui les appelle. Vous nous l'avez appris, évêques confidents de son zèle, tout occupé qu'il était des travaux de ses dernières campagnes, il concertait avec vous des entreprises religieuses, et ne négligeait rien de ce qui pouvait contribuer, ou à instruire ceux qu'une longue prévention retenait dans l'aveuglement, ou à gagner ceux que la cupidité et l'intérêt retenaient ensevelis dans l'erreur.

Qui ne sera pas affligé en voyant un héros si accompli, rentré dans la voie de la vérité et brûlant de zèle pour la faire triompher, laisser une grande tache à sa gloire dans un moment de faiblesse que ses grandes qualités ne sauraient faire excuser? Turenne, à près de soixante ans, ne fut pas insensible à l'amour, et ce moment d'égarement fut puni de vifs et profonds regrets. Une jeune marquise avait touché son cœur ; elle abusa de son empire pour lui surprendre le secret de l'Etat, et ensuite divulguer son secret. Louis XIV, étonné qu'un pareil secret eût été connu, s'en plaignit à Turenne ; mais bien éloigné de soupçonner son imprudence, il en accusa devant lui un membre de ses conseils, ennemi personnel de celui qui était le coupable. « Non, sire, répliqua celui-ci, la personne que vous inculpez est innocente ; je suis le seul

coupable; » et depuis il ne revit jamais
la femme frivole et légère qui l'avait
compromis aux yeux de son maître,
et surtout avec sa conscience. Persuadé,
par la suite, que sa conduite et ses actions devaient désormais répondre à la
sainteté de la religion qu'il venait d'embrasser, Turenne consacrait presque
tout son temps à des exercices de piété
et de charité dont chacun était édifié.
On pouvait le proposer pour modèle
aux anciens catholiques mêmes, et tous
ceux des calvinistes qui se réunirent
depuis à l'Eglise romaine avouaient
que rien n'avait tant contribué à leur
conversion que l'exemple de ses vertus.
Il vivait à Paris avec une si grande simplicité, qu'il semblait qu'on fût, à cet
égard, dans l'ancienne Rome, où l'on ne
distinguait point les plus grands capitaines d'avec les moindres citoyens;
ainsi libre de l'ambition et des autres

passions qui attachent les hommes à la cour, et pénétré des grandes vérités de notre sainte religion, il avait résolu de passer sa vie dans la retraite, et ne s'occupait plus que de cette pensée.

Telle était la disposition de son âme, lorsque le roi allant porter la guerre au milieu de la Hollande, Turenne reprit les armes à la suite de son maître, et, à la tête de ses armées, il exposa sa vie, et la victoire put à peine suivre la rapidité des conquêtes du vainqueur. Mais ce fut alors que sa piété, son amour pour la religion, la sincérité de sa conversion se manifestèrent dans tout leur éclat. Il se regardait comme un simple soldat de Jésus-Christ, sanctifiait la guerre par la pureté de ses intentions, considérait ses soldats comme des frères, et adoucissait, par le zèle de sa charité, ce qu'a de

cruel une profession où l'on perd souvent de vue l'humanité même; il fut
plus que jamais le père de ses soldats :
la dyssenterie s'étant mise dans son armée, on reconnut encore mieux qu'en
toute autre occasion, jusqu'où s'étendait
son affection pour les troupes. Le meilleur père ne se fût pas donné plus de
mouvements et de soins pour la guérison de ses enfants, qu'il s'en donna pour
celle des maladies de ses soldats; aussi
avait-il conquis au plus haut degré leur
amour et leur vénération; ils n'avaient
nulle inquiétude sur leur sort, pourvu
qu'ils sussent qu'il était en bonne santé;
mais le travail et les fatigues continuel-
les qu'il avait à soutenir leur faisaient
craindre qu'il ne vînt enfin à y succom-
ber. S'ils étaient seulement une demi-
journée sans le voir, ils couraient à sa
tente, comme s'il y avait eu longtemps qu'ils ne l'eussent vu, et on les

entendait se dire les uns les autres : Notre père se porte bien, nous n'avons rien à craindre. Il ne passait guère de jour qu'il ne les vît; il les saluait, leur parlait avec une noble familiarité, et prenait plaisir à voir combien il en était aimé. Ce n'est pas que sa bonté dégénérât jamais en faiblesse; il fit subir un châtiment exemplaire à ceux qui avaient été les auteurs des incendies dans le palatinat. Mais comme ils étaient, en général, de braves gens, il ne put les condamner à la mort, sans se faire une extrême violence ; ce que tout le monde remarquant, il fut encore considéré comme le père des soldats, lors même qu'il les faisait punir suivant toute la rigueur des ordonnances.

Après la célèbre bataille de Turcken, mandé par Louis XIV, qui lui exprimait une vive impatience de le revoir,

Turenne donna tous les ordres néces
saires pour la sûreté de l'Alsace et pour
les quartiers d'hiver de son armée, et
partit pour la cour. Il trouva sur toute
sa route un concours de gens de toute
sorte d'âge et de condition, qui ac-
couraient au-devant de lui pour le voir.
Il y en eut, en Champagne, qui vin-
rent de dix lieues sur le chemin par lequel il devait passer ; et ceux de cette
province, persuadés qu'ils lui étaient
redevables du bien et du repos dont ils
jouissaient, versaient des larmes de
joie en le voyant. Le roi le reçut d'une
manière qui faisait assez connaître qu'il
n'y avait personne dans son royaume
qu'il estimât plus que lui. On ne parlait
à la cour que de la conduite qu'il avait
tenue pendant cette dernière campagne,
dont l'éclat semblait surpasser celui de
toutes celles qui l'avaient précédée.
Chacun le bénissait comme un héros

qui venait de sauver l'État; on s'arrêtait dans les rues de Paris pour le contempler; il ne pouvait plus aller dans les églises, qu'il ne fût environné d'une foule de peuple qui semblait ne pouvoir se rassasier de le voir. La plupart des princes étrangers faisaient venir son portrait. Personne n'avait peut-être jamais joui d'une réputation si pure et si étendue, et il ne tenait qu'à lui d'accroître encore sa gloire, en continuant de commander les armées; mais était-il encore sensible à la gloire humaine, celui qui ne voyait plus que Dieu et que Dieu seul en toutes choses : nous n'oublierons pas qu'avant d'avoir atteint sa plus haute perfection dans la carrière des saints, il avait résisté avec peu de troupes à toutes les forces de l'Allemagne! Nous l'avons vu, en trois jours de marche, passer trois rivières, joindre les ennemis, les combattre : le nombre d'un côté, la valeur de l'autre, la fortune est longtemps douteuse; enfin le courage s'ébranle et commence à plier : il s'élève une voix qui crie : *Victoire!* Alors le général comprime l'ardeur des combattants, et d'un ton sévère : « Arrêtez, dit-il, notre sort n'est pas entre nos mains, et nous serons nous-mêmes vaincus, si le Seigneur ne nous favorise. » A ces mots, il lève les yeux au ciel, d'où lui vient son secours, et, continuant à donner ses ordres, il attend avec soumission, balancé entre l'espérance et la crainte, que les ordres du ciel s'exécutent. Alors le nouveau Machabée, parvenu au degré de cette éminente piété que l'humilité couronne, souhaitait qu'on eût bien voulu le dispenser de reparaître à la tête de nos légions qu'il avait tant de fois rendues victorieuses. Son âge déjà avancé, et ce fonds de religion dont son cœur était animé, le pressaient vivement de se dégager de toutes les affaires du monde, pour consacrer à la solitude le reste de ses jours ; prêt à jeter toutes ses couronnes au pied du trône de Jésus-Christ, comme les vainqueurs de l'Apocalipse, et à se dépouiller de toute gloire dans une retraite volontaire, il n'était déjà plus du monde, quoique la Providence l'y retînt encore. Jusque dans le tumulte des armes il nourrissait son âme des douces et secrètes espérances du désert : d'une main il foudroyait les Amalécites, et déjà il levait l'autre vers le ciel, pour attirer ses bénédictions. Nouveau Josué dans le combat, il faisait déjà les fonctions de Moïse sur la montagne ; et sous les armes d'un guerrier, il avait le cœur et l'humilité d'un pénitent. Cependant, persuadé que tant que la guerre durerait il ne pourrait quitter le service sans manquer à ce qu'il devait au roi et à l'Etat, il accepta encore le commandement de l'armée qui devait agir cette année, 1675, du côté de l'Allemagne.

Ne craignons point que tant de gloire, tant de respects de la part des étrangers, tant d'estime obtenue du côté des ennemis, tant d'affection dont les Français lui prodiguent les témoignages, aveuglent ce héros chrétien; plein de l'idée de Dieu, il ne voit que lui, et n'a de pensées que celle de lui plaire. Il s'en tenait, pour le public, au-dehors d'une vie sage et réglée; mais il réservait pour les conversations qu'il avait avec les serviteurs de Jésus-Christ l'effusion du sentiment, dont le monde n'était pas digne. Sa foi était si vive, qu'il révérait les pratiques les moins importantes que l'Eglise avait consacrées; il considérait les observances religieuses avec les mêmes sentiments que les œuvres de Dieu, qui n'est pas tellement grand, dans ses ouvrages les plus magnifiques, qu'il ne soit encore admirable dans les plus petits. Il était profondément touché de la sublimité des mystères, qui est si propre à humilier l'esprit et le cœur. Ce n'était pas assez pour lui d'offrir au Seigneur, soir et matin, le sacrifice de ses lèvres, il voulait être chrétien pendant tout le jour, comme il le disait lui-même; il n'estimait dans la religion que ces jours pleins et entiers dont parle David, et s'efforçait de continuer par la droiture de ses intentions, par sa haine pour le péché et l'amour sincère du bien, le sacrifice de louanges que ses prières, ses saintes lectures, ses heures de retraite et ses pieuses réflexions commençaient et finissaient fidèlement chaque jour.

Jamais il ne reconnut, avec une plus profonde humilité, qu'il y avait un Dieu au-dessus de lui, que dans ces occasions qui décidèrent du sort des empires, où presque tous les autres l'oublient, enivrés des voluptés de la domination. C'était alors qu'il redoublait ses prières; on l'a vu même s'écarter dans les bois, où, la pluie sur la tête et les genoux dans la boue, il adorait, en cette humble attitude, ce Dieu devant qui les légions des anges tremblent et s'humilient. Les Israélites, pour s'assurer de la victoire, faisaient porter l'arche d'alliance dans leur camp; et Turenne croyait que le sien serait sans force et sans défense, s'il n'était tous les jours sanctifié par l'oblation de la divine victime qui a triomphé de toutes les forces de l'enfer : il y assistait avec une dévotion et une modestie capables d'inspirer le respect à ces âmes dures à qui la célébration des mystères terribles n'en inspirait pas.

A mesure que la victoire se déclarait en sa faveur, il se mettait en garde contre une confiance de vaincre trop précipitée. Quand tout autour de lui retentissait des cris de victoire, il modérait tous ces emportements de joie par ces paroles si dignes de sa piété :

« Si Dieu ne nous soutient, et s'il n'achève son ouvrage, il y a encore assez de temps pour être battus. »

Quelque riches que soient les gens de guerre, il en est peu qui ne soient obligés d'emprunter de l'argent avant d'entrer en campagne. Lorsque Turenne était sur le point de partir pour l'armée, beaucoup de personnes venaient lui offrir de très-grosses sommes; mais, quoiqu'il pût quelquefois en avoir besoin, il n'en voulut jamais accepter, dans la crainte que ses créanciers ne perdissent ce qu'ils lui auraient prêté, s'il fût mort à l'armée. Les ennemis eurent toujours pour lui une juste vénération; ils le pleurèrent à sa mort autant que les Français mêmes; et les Allemands, dit l'abbé Raguenet, n'ont jamais voulu labourer l'endroit où il a été tué, comme si l'impression de son corps avait rendu cet endroit sacré; il est encore en friche, continue le même historien, et les paysans le montrent à tout le monde, aussi bien qu'un arbre fort vieux qui est auprès, et qu'ils n'ont point voulu couper. Il avait épargné le paysan ennemi autant qu'il l'avait pu, conservant les fruits de la terre pour les habitants de la campagne, dont il plaignait la triste destinée. Le service du roi n'en avait pas souffert, comme on l'a pu voir dans toute la suite de sa vie.

Terminons-la par un coup-d'œil sur l'esprit du christianisme qui couronna toutes ses autres vertus. Il avait non-seulement soin de purger son armée des dérèglements qui règnent ordinairement parmi les troupes, mais même il établit des prières publiques à certaines heures du jour. Entouré des trophées de la victoire, il adressait au ciel ses vœux pour en obtenir la paix. Il traitait tous les soldats comme ses enfants et ses frères. A l'armée même, il était encore plus admiré pour la pureté de ses mœurs que pour les talents militaires.

Jacques II, roi d'Angleterre, qui a rédigé par écrit les quatre campagnes qu'il fit sous ses ordres, racontant la fameuse attaque des lignes d'Arras, en parle en ces termes :

« Avant l'attaque des lignes d'Arras, M. de Turenne fit faire des prières publiques à la tête de chaque bataillon et de chaque escadron, pendant plusieurs jours, pour le succès de cette entreprise; presque tout le monde se confessa et communia, et je suis sûr qu'il ne s'est jamais vu, dans aucune armée tant de marques d'une véritable dévotion qu'il en parut dans la nôtre. »

Turenne touchait au terme de sa glorieuse et vertueuse carrière : il poursuivait l'armée impériale commandée par le célèbre Montécuculli; il voyait que les ennemis ne pouvaient plus lui échapper, et que, selon toutes les apparences, il allait enfin recueillir le fruit d'une pénible campagne, lorsqu'allant choisir une place pour dresser une batterie, il fut atteint d'un boulet de canon au milieu de l'estomac, qui le renversa mort le 27 juillet 1675, à soixante-quatre ans. Dans cet instant, il se croyait sûr de la victoire, et il disait : *Nous les tenons.* Ce même boulet emporta un bras à M. de Saint-Hilaire, lieutenant-général de l'artillerie ; et comme ses deux enfants pleuraient en le voyant en cet état :

« Ce n'est pas moi, leur dit-il, en leur montrant le corps du vicomte de Turenne, qu'il faut pleurer ; c'est ce grand homme ; c'est la perte irréparable que la France vient de faire. »

La plupart de ceux qui virent tomber le héros, demeurèrent tellement atté-rés, qu'on eût dit qu'ils avaient été frappés du même coup. Cependant un d'entre eux, qui sut mieux se posséder que les autres, jugeant de quelle conséquence il était de cacher un accident aussi funeste, jeta promptement un manteau sur le corps de Turenne, et le fit emporter le plus secrètement qu'il put, de manière que cette mort fut plus tôt connue dans l'armée ennemie que dans la nôtre. A cette nouvelle, le comte de Montécuculli, qui n'ignorait pas les avantages qu'il pouvait retirer de la mort du vicomte, ne parut néanmoins sensible qu'à la douleur qu'il avait de la perte du général ; ce fut alors qu'il en fit l'éloge si laconique, et qui renferme un sens si profond : *Il faisait honneur à l'homme,* voulant faire entendre que la nature humaine se trouvait honorée par le mérite d'un homme tel que Turenne.

LIMOGES. — IMPRIMERIE DE BARBOU FRÈRES.